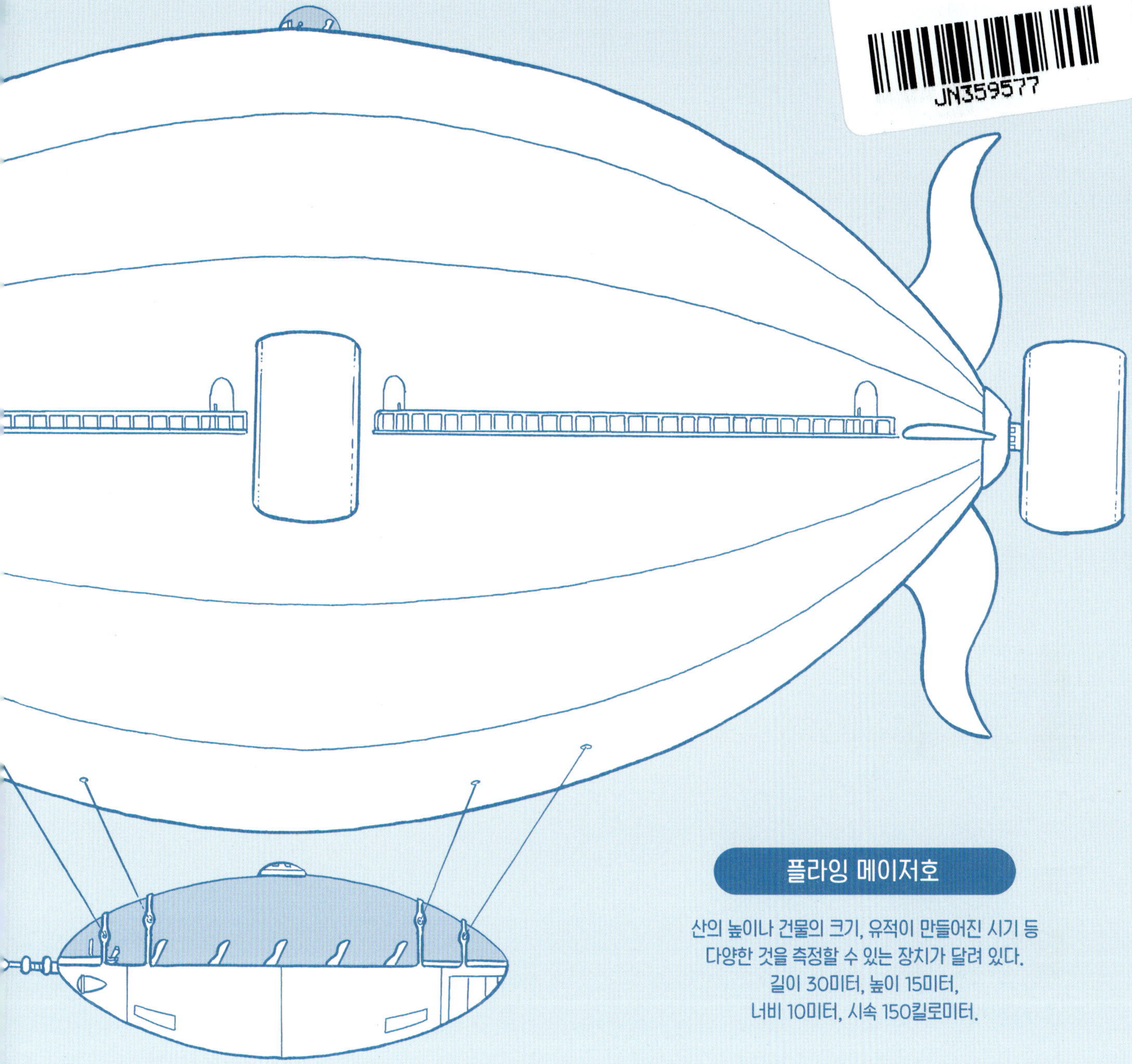

플라잉 메이저호

산의 높이나 건물의 크기, 유적이 만들어진 시기 등
다양한 것을 측정할 수 있는 장치가 달려 있다.
길이 30미터, 높이 15미터,
너비 10미터, 시속 150킬로미터.

포인터

넘버 선장의 반려견.

미스터리

비행선에 사는
조금 미스터리한
고양이.

원서는 세계 유산의 크기를 일본 건물 및 시설물과 비교합니다. 이 책에서는
우리나라 어린이들의 이해를 돕기 위해 기준을 우리나라 건물 및 시설물로 바꾸었습니다.

너머학교 톡톡 지식그림책 8

플라잉 메이저호의
세계 일주 하늘 여행

2023년 1월 26일 초판 1쇄 인쇄
2023년 2월 20일 초판 1쇄 발행

글·그림	고마야스칸
옮긴이	최진선
펴낸이	김상미, 이재민
편집	송미영
디자인	나비
종이	다올페이퍼
인쇄	청아디앤피
제본	비춤바인텍
펴낸곳	(주) 너머_너머학교
주소	서울시 서대문구 증가로20길 3-12 1층
전화	02)336-5131, 335-3366, 팩스 02)335-5848
등록번호	제313-2009-234호
ISBN	978-89-94407-42-5 77400
	978-89-94407-89-0 77440(세트)

『FLYING MAJOR GO SEKAI ISSHU SORA NO TABI』
© KOMAYASUKAN 2021
All rights reserved.
Original Japanese edition published by KODANSHA LTD.
Korean translation rights arranged with KODANSHA LTD.
through JM Contents Agency Co.
© Nermer 2023 For the Korean edition.

www.nermerbooks.com
너머북스와 너머학교는 좋은 서가와 학교를 꿈꾸는 출판사입니다.

세렝게티 국립 공원 · 탄자니아

기자의 3대 피라미드 · 이집트

베네치아 · 이탈리아

- '물의 도시' 베네치아에 오신 걸 환영합니다!

- 오스만 제국과 싸웠다는 그 베네치아에 온 건가요?

- 그렇지. 베네치아는 원래 120개 정도의 섬이 있던 바다였는데, 그 섬들을 다리로 이어 지금의 모습으로 만들었어. 베네치아 사람들은 배를 타고 나가 외국과 무역하며 크게 번성했어. 군대도 강했지.

- 옛 모습이 그대로 남아 있어 도시 풍경이 아름다워요. 소중하게 보존해 온 것 같아요.

- 바로 그거야. 사람들이 이동에 사용하는 건 보도와 운하뿐이고 차가 다니지 않아. 대략 150개의 운하에 400여개의 다리가 있어. 이 대운하는 도시를 둘로 나누듯 흐르는데 길이가 3.8킬로미터야.

- 배도 좋지만 역시 산책이지.

에펠 탑 · 프랑스

자, 드디어 오랫동안 기다렸던 '꽃의 도시' 파리에 도착했구나. 센강 강변에는 에펠탑, 루브르 미술관, 콩코르드 광장 등 볼 만한 곳이 많아. 그럼, 어디부터 측정해 볼까? 어, 구구가 어디 갔지?

멋진 걸 좋아하는 아이가 파리에 와서 가만히 있을 리가! 지금쯤 카페에 있든지, 쇼핑하든지, 미술관을 구경하고 있을걸. 그건 그렇고 에펠 탑은 1889년에 완성되었는데 그때는 높이가 300미터였어. 2000년에 안테나를 설치해서 지금은 324미터가 되었지.

덧붙이면 탑 이름은 설계자인 알렉상드르 에펠에서 따온 거라지요.

몽생미셸 · 프랑스

자유의 여신상 · 미국

나이아가라 폭포 · 캐나다, 미국

- 여기는 세계 3대 폭포 중 하나인 나이아가라 폭포야.

- 네, 알아요. 나머지 두 곳은 이구아수 폭포(남아메리카)랑 빅토리아 폭포(아프리카)죠. 그중 나이아가라 폭포만 유네스코 세계 유산으로 지정되지 않았는데 왜 그런 거예요?

- 역시 잘 알고 있구나. 흐르는 물의 양을 인공적으로 조절하고 있고, 폭포 주변에 호텔이나 유원지 등이 생겨 자연 상태 그대로라고 말할 수 없기에 세계 유산으로 지정하지 않은 거야.

- 하늘에서 보니 마치 테마파크에 온 것 같아요.

- 에취! 나이아가라 폭포는 세 개의 폭포로 이루어져 있지. 맨 앞에 있는 건 미국 폭포로 너비 260미터, 브라이덜 베일 폭포가 15미터, 캐나다 폭포가 670미터란다. 폭포의 높이는 60미터이고.

그랜드 캐니언 · 미국

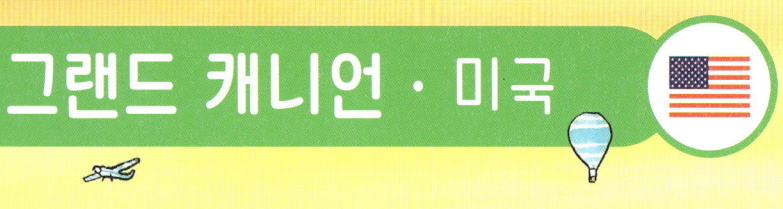

다이아몬드헤드산 · 미국

- 하와이 제도의 오아후섬에 있는 다이아몬드헤드산이야. 화산이 뿜어낸 화산암과 화산재가 쌓여 만들어졌지.

- 꼭 왕관 같은 모양을 하고 있네요.

- 거대한 분화구로군. 이런 분화구를 크레이터라고 하지. 화산이 바닷물 가까이에서 분화되어 이런 모양이 된 거야. 뜨거운 마그마가 바닷물에 닿아 수증기를 품고 단숨에 부풀어 올라서 위쪽 바위를 날려 버린 거지.

- 오호! 높이는 230미터, 너비는 1킬로미터로군.

- 이제 분화는 멈춘 건가요?

- 그건 모르는 일이야. 오아후섬은 250만 년 전에 화산 분화로 생긴 오래된 섬이지만, 지구의 긴 역사에서 보면 바로 얼마 전에 일어난 일이나 마찬가지거든. 자, 그럼 이제 슬슬 다시 일본으로 돌아갈까?

- 일본까지 거리는 6600킬로미터가 넘어. 앗! 태풍이 생겨나고 있는 것 같아. 태풍이 가는 길을 잘 살피며 조심해서 돌아가야겠군.

- 으아! 태풍 속으로 휘말려 들어가고 있어요!
- 말이 끝나자마자! 큰일 났네! 덧붙이면 이 태풍은 중심 기압이 950헥토파스칼, 풍속은 초속 50미터, 강풍 반경은 700미터란다.
- 박사님, 무서워요. 이제 숫자는 안 알려 주셔도 돼요!
- 플라잉 메이저호라면 이 정도 태풍에도 끄떡없지. 여기는 오가사와라 제도 부근이니까 바람을 잘 이용해 돌아가 보자.

글 · 그림 고마야스칸

1967년 일본 미에현에서 태어났어요. 2008년 『용감한 테루테루 왕자』(고단샤)로 제30회 고단샤 그림책 신인상을 받으며 데뷔했어요. 2012년에는 『신칸센 여행 – 하야부사, 노조미, 사쿠라로 일본 횡단』(고단샤)으로 제43회 고단샤 출판문화상(그림책 부문)을 받았어요. 그 밖에 『신칸센 여행 – 가나자와에서 신하코다테 호쿠토와 삿포로까지』, 『결전! 동물 세키가하라』, 『도쿄 드림 마라톤』, 『지붕 밑 탐정 모리』 등의 그림책을 쓰고 그렸어요.

옮김 최진선

이화여자대학교 대학원에서 여성학을, 일본 시가현립대학교 대학원에서 여성사를 공부했어요. 지금은 일본 간세가쿠인대학교 등에서 한국어를 강의하며 연구와 번역을 하고 있어요. 『나쁜 생각은 나빠?』, 『죽음은 돌아가는 것』, 『튼튼하게 다리』, 『탄탄하게 도로』, 『한글, 모든 자연의 소리를 담는 글자』 등을 각각 우리말과 일본말로 옮겼어요.

| 너머학교 톡톡 지식그림책 시리즈 |

1 타다, 아폴로 11 호
브라이언 플로카 글 · 그림 | 이강환 옮김

2 증기기관차 대륙을 달리다
브라이언 플로카 글 · 그림 | 유만선 옮김

3 밤하늘을 봐!
제이컵 크레이머 글 | 스테파니 숄츠 그림 | 하미나 옮김

4 얼음이 바사삭 그림 사전
레나 회베리 글 · 그림 | 신동경 옮김

5 손은 똑똑해
마그다 가르굴라코바 글 | 비체츠슬라프 메츠네르 그림 | 신동경 옮김

6 똑똑한 기계들 사이에서
코시코사 글 | 안나 세이사스 그림 | 임수진 옮김

7 백신은 똑똑해
마르크 판란스트 · 헤이르트 바우카에르트 글 | 카탕카 판데르산더 그림 | 신동경 옮김

플라잉 메이저호의 여정을 되돌아보자!

타지마할
묘역이 있는 정원은 남북으로 560미터, 동서로는 300미터예요.

에펠 탑
전망대는 세 개가 있고, 그중 제3전망대가 276미터로 가장 높아요.

몽생미셸
화강암 바위산에 지어진 수도원이에요. 13세기 무렵 지금과 거의 비슷한 모습이 되었어요.

알프스
융프라우산은 높이가 해발 4158미터, 알레치 빙하는 너비가 115제곱킬로미터예요.

베네치아
운하를 다니는 곤돌라는 주로 관광에 이용돼요. 가면을 쓰는 카니발이 유명해요.

기자의 3대 피라미드
쿠푸왕의 피라미드는 2.5톤의 석재 300만 개를 210단 쌓아 올려 만들었어요.

아테네의 아크로폴리스
파르테논 신전은 너비가 31미터, 길이가 70미터. 기둥은 10미터로 46개의 기둥이 주위를 둘러싸고 있어요.

세렝게티 국립 공원
아프리카 영양이나 얼룩말 같은 초식 동물이 1500킬로미터나 되는 먼 거리를 이동해서 다녀요.